FRÉDÉRIC CAILLIAUD

DE NANTES

VOYAGEUR, ANTIQUAIRE, NATURALISTE,

PAR LE BARON DE GIRARDOT.

PARIS
ADOLPHE LABITTE
LIBRAIRE DE LA BIBLIOTHÈQUE NATIONALE
4, rue de Lille, 4.

1875

FRÉDÉRIC CAILLIAUD

DE NANTES

VOYAGEUR, ANTIQUAIRE, NATURALISTE,

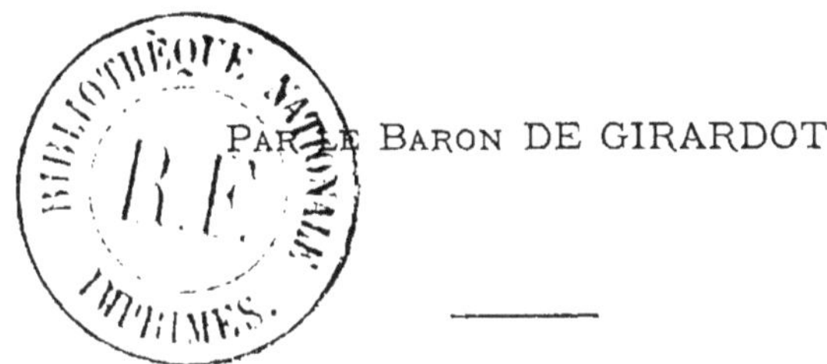

PAR LE BARON DE GIRARDOT

I.

Parmi les hommes dont la vie entière est un exemple de persévérance et de dévouement à la science, aucun ne peut être cité avec plus de titres à l'estime de ses concitoyens que Frédéric Cailliaud, ce fils d'artisan, élevé à une époque où l'on n'avait pas encore créé, comme aujourd'hui, des écoles de tout genre ouvertes à tout venant, et qui a su, malgré cela, par son zèle, par son courage, par sa volonté de fer, par son ardeur restée juvénile jusqu'à quatre-vingt-deux ans, se faire, dès sa jeunesse, une célébrité comme voyageur, comme antiquaire, comme naturaliste.

Frédéric Cailliaud, fils de Jean et de Marie-Rosalie Mouniers, est né à Nantes, le 9 juin 1787, un samedi, à six heures et demie du matin. Il a été baptisé le 10, à Saint-Nicolas ; son parrain était Jean-René Cailliaud, son frère, et la marraine, Rosalie Rouillard.

Son père, un des entrepreneurs du quartier Graslin, homme honoré, conseiller municipal de la ville, destinait son fils Frédéric à lui succéder. Mais celui-ci préféra l'état d'orfèvre pour avoir occasion de s'occuper d'objets d'art. Tout jeune, il étudiait la minéralogie et en recueillait des échantillons dans les faubourgs de la ville et dans les environs. Il prenait assidument des leçons de dessin. J'ai de lui, de cette époque, un vase Médicis, une tête de christ de grandeur naturelle, au crayon noir et à la sanguine ; la copie d'un médaillon du premier Consul, à l'estompe, qui ont dû lui mériter les éloges de son professeur.

Frédéric Cailliaud partit de Nantes en 1809, travailla à Paris, tout en suivant les cours d'histoire naturelle au Jardin des Plantes ; puis il commença ses voyages. Il était à Amsterdam en janvier 1813 ; il y achetait, au prix de la moitié de ses économies, deux vases en cristal de roche qu'il a conservés avec prédilection toute sa vie et qu'il a légués au Musée archéologique de Nantes.

Le 30 octobre de la même année, il était à Rome, ayant recueilli sur tout son trajet une quantité d'échantillons de minéralogie. Il passa ensuite neuf mois auprès du Vésuve, puis visita la Sicile.

C'est à ce premier voyage à Palerme que commencent ses aventures romanesques. A la chute de l'Empire, le séjour d'un Français dans ces pays était plein de périls ; les légitimes appréhensions de Cailliaud le rapprochèrent d'un officier de l'armée de Murat, qui voulait aussi se mettre en sûreté. Les deux nouveaux amis achètent une barque pontée, vendent jusqu'à leurs habits pour y mettre des provisions, et affichent à la main que le navire l'*Espérance* est en partance pour les Echelles du Levant ; mais aucun passager ne veut se risquer sur cette coquille de noix ; il faudrait rester là, sans quelques matelots grecs qui, pour retourner dans leur pays, s'engagent à conduirent la barque pour leur passage. Avertis par les dangers courus par eux pendant la traversée du golfe de Tarente et de l'Adriatique, les voyageurs se décident à côtoyer la Morée ; mais les vivres, péniblement achetés, n'avaient pas été calculés pour un si long trajet, et l'esquif connut des jours de jeûne forcé auxquels succédait une certaine abondance, quand les Grecs pouvaient aller dans quelques villages ; ils en rapportaient des volailles, voire même des moutons, dont les Français n'osaient pas demander d'une manière trop précise la provenance.

A Miconi, ils se trouvèrent réduits à partager quelque peu de fèves et bientôt à manquer de toute ressource. Un homme à barbe vénérable, vêtu à la turque, s'approcha de leur barque et leur adressa la parole en français : dans leur cruel embarras sa présence leur rendit la vie. S'apercevant de leur pénible situation, M. Lascaris s'empressa de leur porter toute espèce de secours et les combla de bienfaits. Cailliaud eut le bonheur de le retrouver plus tard en Egypte, auprès du fils de Méhémed-Ali.

On arriva enfin à Constantinople, sans argent, mais avec des notes intéressantes sur ce que notre voyageur avait vu, et avec de nombreuses observations d'histoire naturelle.

Le sultan faisait des cadeaux de sabres enrichis de pierres précieuses : Cailliaud fut employé à leur décoration et y gagna de quoi satisfaire son désir de voyager. L'Egypte l'attirait, il devait y trouver de la fortune et une renommée prompte et solide.

Il visita Smyrne et ses environs et arriva à Damiette le 23 mai 1815, alla successivement à Alexandrie, à Rosette, enfin au Caire où son atelier devint promptement un musée. Les Arabes lui apportaient les trésors arrachés aux anciens tombeaux, Cailliaud eut bientôt une curieuse collection d'antiquités égyptiennes.

Mais un rival puissant vint se jeter à la traverse de cette prospérité scientifique naissante. M. Drovetti, gérant du consulat de France auprès du pacha, étudiait l'antique Egypte et en recueillait les monuments. Il fut inquiet de cette concurrence et arriva chez Cailliaud avec des intentions menaçantes. Il fut désarmé par la juvénile ardeur qui avait converti en un naturaliste et en un antiquaire un jeune homme dont la profession ne demandait que du goût et de l'adresse. Il était entré hostile chez Cailliaud, il en sortit son protecteur déclaré, il lui ouvrit la voie où il devait acquérir la renommée et placer son nom à côté de ceux des plus célèbres explorateurs de la Haute Egypte.

Enchanté de trouver un jeune compagnon zélé, déjà habitué aux voyages aventureux, toujours prêt à braver tous les dangers, à supporter gaiement toutes les misères, Drovetti emmena Cailliaud dans un voyage sur le Nil, en Nubie et jusqu'à la deuxième Cataracte.

Il ne reste que peu de traces écrites de ce premier voyage dans la Haute Egypte. M. Drovetti, avec l'aide des notes de Cailliaud recueillies pendant cette excursion et par lui-même pendant celles qu'il fit seul ultérieurement, a dressé un itinéraire de tout le parcours qui a été publié par M. Jomard dans un volume dont je parlerai plus loin.

M. Drovetti fit bientôt donner un poste officiel à son jeune compagnon, celui de minéralogiste du pacha, avec la mission de rechercher les mines d'émeraudes exploitées dans l'antiquité.

C'est le 2 novembre 1816 que Cailliaud partit de Redezyeh pour se rendre au point où il supposait que se trouvaient les mines d'émeraudes. Après sept jours de marche, il arriva au mont Zabarah, à sept lieues de la mer Rouge, puis se rendit à une mine de soufre; son voyage total fut de dix-sept journées. On ne trouve que deux sources dans la dernière partie de ce voyage. Le reste du temps on n'a que l'eau qu'on peut faire porter par les chameaux.

Sur son chemin, Cailliaud trouva et dessina trois stations antiques, un rocher couvert de sculptures et d'inscriptions et un temple égyptien en partie bâti, en partie creusé dans le roc, tout couvert de sculptures et de peintures d'un aussi bon travail que celles de Thèbes.

Nous allons bientôt citer ce que M. Jomard pensait de ce voyage.

Pour cette première exploration, Cailliaud était parti seul, avec quelques Arabes seulement, qui conduisaient ses chameaux.

Il revint au Caire rendre compte du résultat de ses recherches, et reçut la mission de retourner aux mines pour en commencer l'exploitation.

Mais pendant qu'on faisait les préparatifs qui furent fort longs, parce qu'il fallut faire venir les mineurs de la Syrie et de l'Archipel, Cailliaud, qui ne pouvait rester en repos, alla s'établir pendant six mois à Thèbes, faire des fouilles, et y recueillir un grand nombre d'antiquités. Il resta ensuite pendant trois mois à Syout.

Enfin, il partit pour les mines, à la tête d'une véritable caravane, des ouvriers mineurs, un matériel considérable, cent vingt chameaux, cinquante Arabes pour les conduire, et une escorte de cavaliers albanais.

Le récit de ce voyage est d'un grand intérêt, les aventures y succèdent aux découvertes de monuments, entremêlées d'observations attentives sur la géologie, la minéralogie, la botanique et la faune du pays, et sur les mœurs et usages des habitants.

Après avoir installé ses ouvriers et avoir découvert de nouvelles mines encore plus abondantes, Cailliaud retourna pour la sixième fois s'installer dans un tombeau antique, à Thèbes, y pratiquer des fouilles, et s'y rencontra avec d'autres explorateurs européens.

La grande oasis n'avait été aperçue qu'en passant par les voyageurs ; M. Jomard dit qu'on n'avait aucune idée des monuments qu'elle renferme. Cailliaud profita du moment où sa présence sur les mines d'émeraudes n'était pas nécessaire pour faire ce voyage intéressant. Il quitta le Caire le 26 mars 1818, fut appelé en passant à constater le décès d'Achmed-Bey, gendre du pacha, entra ensuite dans le désert et arriva à l'oasis après quatre journées de marche. Les habitants, inquiétés par la présence du voyageur, ne le laissèrent jamais seul. Il découvrit plusieurs temples égyptiens dont quelques-uns très-importants, beaucoup d'autres ruines dont il donne une description détaillée, un cimetière contenant plus de deux cents tombes romaines, et, non loin de là, des puits à momies.

Dans le cours de ce voyage, une nuit, Cailliaud et son mamelouk étant seuls dans leur barque sur le Nil la sentirent couler à fond. Ils n'eurent que le temps de se jeter à la nage et passèrent la nuit à terre, couverts seulement d'un morceau de voile qu'ils étaient parvenus à détacher.

Au jour, ils opérèrent le sauvetage de leurs effets et des antiquités submergées ; mais deux papyrus précieux furent perdus.

C'est dans le plus grand et le plus important des temples de la grande oasis couvert de sculptures et de peintures en bon état que Cailliaud trouva l'inscription de soixante lignes dont il parle ainsi :

« Une d'elles, gravée sur un des côtés du premier portail, raconte-t-il dans son voyage, renfermait environ neuf mille lettres : cette inscription étant trop élevée pour que ma vue pût y atteindre, et pour que je ne craignisse pas de faire des erreurs en la copiant, je pris le parti de monter sur le haut du portail par le côté de l'Ouest qui est dégradé ; je démolis une assise pour approcher davantage de l'inscription ; ensuite je me couchai sur le ventre. J'avais en dehors de la façade la tête et les bras, pendant que mon interprète me retenait par les pieds ; de cette manière, je parvins à dessiner, lettre par lettre, les premières lignes : je restai quatre heures dans cette pénible position ; l'espérance d'emporter toute cette inscription soutenait mon courage, et j'oubliais mes fatigues. Après avoir achevé la première partie du travail, je dus, pour continuer, chercher un autre moyen ; alors je fis couper un palmier, je le couchai sur la muraille, je l'assujétis de mon mieux et je montai dessus tenant l'écritoire, la plume et le papier. Il me fallut, dans cette attitude peu sûre et fatigante, exposé à l'ardeur d'un soleil brûlant par une chaleur de vingt-huit degrés, travailler ainsi pendant deux journées entières. A force de persévérance, je vins à bout de triompher de tous les obstacles, et j'emportai l'inscription complète. Elle a environ douze à quinze pieds de hauteur ; les premières lignes sont des lettres de deux pouces et demi de haut, qui diminuent insensiblement jusqu'à un pouce. »

Ce n'est pas la seule inscription considérable dont la science doive la connaissance au courage et à la persévérance de Cailliaud. On trouve dans le 13e volume de la *Revue Encyclopédique* une dissertation du savant Letronne sur une inscription grecque copiée à par lui Philæ en 1816.

Le titre en est : *Eclaircissements sur une inscription grecque contenant une pétition des prêtres d'Isis dans l'île de Philæ, à Ptolémée Evergète second,* copiée à Philæ, par M. Cailliaud, lue à l'Académie royale des inscriptions et belles lettres par M. Letronne, 48 pages in-8°.

L'article de la *Revue* est de Champollion le jeune. Un extrait de la notice a été publié dans le *Journal des Savants,* du mois de novembre 1821, page 657. « On croit, dit-il, que cette inscription, gravée sur un socle, appartenait à l'obélisque égyptien transporté de Philæ à Alexandrie par Belzoni, et de là en Angleterre. Il ajoute que la copie est fort exacte, sauf l'omission de quelques lettres, à ce qu'a reconnu M. Letronne ; celui-ci ajoute que cette inscription est fort curieuse, unique même dans son genre. C'est une plainte adressée au roi par les prêtres d'Isis contre les vexations dont ils avaient à se plaindre de la part du Gouverneur.

C'est au retour de ce voyage que Cailliaud se décida à rentrer en France malgré les instances de M. Drovetti.

Le Consul général d'Angleterre, M. Henry Salt, qui dirigeait lui-même de grandes fouilles à Thèbes, écrivit alors au savant Dacier, secrétaire perpétuel de l'Académie des inscriptions et belles lettres, une lettre de recommandation pour son jeune émule et disait de lui :

« M. Cailliaud a ajouté beaucoup cette année à ses recherches par le voyage qu'il a entrepris dans la Grande Oasis, où il a fait la découverte inattendue de nombreux temples égyptiens ; découverte encore plus extraordinaire quand on considère que les voyageurs Poncet et Browne ont passé par toute l'étendue du pays d'El-Khargeh jusqu'à

Berrys sans même avoir entendu la moindre nouvelle de si superbes restes d'antiquités.

» Les détails de ces édifices, fidèlement dessinés par M. Cailliaud et les inscriptions qu'il a copiées avec tant de soin, offrent un grand intérêt aux amateurs de l'histoire. »

Embarqué à Alexandrie le 6 novembre 1818, Cailliaud arriva à Marseille le 28 du même mois.

La *Revue Encyclopédique* annonça au monde savant le retour du jeune voyageur nantais (tome Ier, page 347).

Son portefeuille, ses collections, furent soumis par le Gouvernement, à l'examen de la Commission d'Egypte qui déposa le 19 mars 1819 son rapport concluant :

« A l'acquisition par l'Etat des collections renfermant » des morceaux curieux et neufs, plusieurs objets d'un » grand prix, particulièrement des manuscrits égyptiens » sur papyrus, des objets trouvés dans les catacombes, » dont plusieurs éclaircissent les mœurs, les arts et les » usages des anciens. »

La Commission louait ensuite sans restriction le voyageur d'avoir parcouru des routes restées oubliées jusqu'à lui, d'avoir dessiné tous les monuments qu'il a observés dans le désert, d'avoir copié toutes les inscriptions, d'avoir dressé l'itinéraire de tous les chemins qu'il a parcourus, d'avoir rédigé des observations sous le rapport des antiquités, de la minéralogie et des peuplades qui habitent entre le fleuve et la mer Rouge.

« Ses différentes observations ajoutent à celles que la » Commission avait recueillies sur les contrées.... Il n'a » pas fallu un dévouement, un courage et une habileté » ordinaires pour recueillir toutes ces richesses avec si » peu de ressources que celles dont M. Cailliaud pouvait » disposer. Sous ce rapport, il est digne de toute la bien-

» veillance du Gouvernement ; d'un autre côté, il est hono-
» rable pour notre patrie que l'on soit redevable à un
» français de ces importantes découvertes ; elles augmen-
» tent le prix de celles que l'on doit à l'expédition fran-
» çaise faite sur les bords du Nil. »

Tels étaient les grands témoignages d'estime dont un corps, composé de l'élite des savants, payait le tribut à un homme encore si jeune, fils de ses œuvres.

Le premier voyage de Cailliaud en Egypte fut rédigé et publié par M. Jomard, membre de l'Institut, sous ce titre :

Voyage à l'Oasis de Thèbes et dans les déserts situés à l'Orient et à l'Occident de la Thébaïde pendant les années 1815, 1816, 1817 *et* 1818, *par M. Frédéric Cailliaud, de Nantes, etc.*, accompagné de cartes et de planches et d'un recueil d'inscriptions. A Paris, de l'imprimerie royale, 1821. — Un vol. in-f°.

Je ne puis mieux faire que de répéter ici ce que M. Jomard dit de notre voyageur :

« ...... Il me suffit de considérer son portefeuille pour juger qu'il renfermait des dessins précieux et dignes d'être publiés. Les uns avaient été copiés d'après les monuments de l'oasis de Thèbes ; les autres d'après les ruines situées dans le désert qui sépare la Thébaïde de la mer Rouge ; la plupart accompagnés de mesures. Ces antiquités étaient hors du champ des découvertes faites par la Commission d'Egypte ; mais les membres de cette Commission reconnurent aisément dans les copies le cachet de l'exactitude, et ils exprimèrent unanimement le désir de les voir mettre au jour sous les auspices du Gouvernement. Le même vœu fut exprimé au sujet de la collection d'antiques formée par le voyageur dans les hypogées de la ville de Thèbes, objets curieux et la plupart d'un intérêt tout neuf pour l'histoire des rites, des mœurs et des usages de l'Egypte.

» Le Ministre de l'intérieur accueillit ces diverses propositions, fit acheter le portefeuille et la collection d'antiquités et voulut bien me confier les matériaux pour les rédiger et les publier.

» Ces monuments remarquables, derniers ouvrages de la puissance égyptienne, avaient échappé aux recherches des voyageurs, même de ceux qui, à la fin du siècle dernier, ont exploré avec tant de soins et de succès les monuments de l'ancienne Egypte.... Ce qu'ils n'ont pu faire en 1802, un jeune voyageur l'a exécuté en partie, quinze ans plus tard, avec non moins de zèle que ses précurseurs, et avec autant de succès qu'on pouvait en attendre d'un homme isolé, presque dépourvu de tout autre secours qu'un zèle ardent pour l'honneur de son pays, un courage et un dévouement infatigables. Ce voyageur est un français ; il achève en quelque sorte l'ouvrage de ses compatriotes, il découvre à soixante heures du Nil des monuments ignorés ; il les dessine et les décrit avec exactitude ; enfin il rapporte dans sa patrie un portefeuille précieux, recueilli et composé sans autre prétention, sans autre but que le désir de faire connaître la vérité.

» Le voyage de M. Frédéric Cailliaud mérite d'obtenir la faveur publique et d'exciter cette curiosité qui s'attache à l'auteur d'une entreprise hasardeuse, à celui qui fait une heureuse découverte.

» On peut d'autant plus espérer que le public goûtera les recherches de M. Cailliaud qu'il a fait d'autres découvertes qui ne sont pas d'un moindre intérêt que celles des antiquités de la grande Oasis, et sur un théâtre encore plus neuf. Avant de pénétrer dans les déserts de l'Ouest, M.

Cailliaud avait découvert au mont Zabarah les fameuses mines d'émeraudes qui n'étaient connues que par les passages des auteurs et par les récits des Arabes. Le voyageur les retrouve presque dans l'état où les ont laissées les ingénieurs des rois Ptolémées ; il pénètre dans une multitude d'excavations et de canaux souterrains pratiqués jusqu'à une grande profondeur, où quatre cents hommes ont pu travailler à la fois. Il reconnaît des chaussées et de grands travaux ; il voit dans les mines des cordages, des paniers antiques, des leviers, des outils, des meules, des vases, des lampes abandonnés ; il observe les procédés de l'exploitation des anciens, procédés très-peu connus jusqu'à présent ; enfin il continue lui-même l'exploitation, et rapporte à Méhémed-Aly Pacha jusqu'à dix livres d'émeraudes. Puis il trouve, près de là, les ruines d'une petite ville, jadis habitée probablement par les mineurs, et, au milieu de la ville, des temples gréco-égyptiens avec des inscrip tions fort anciennes.

» Dans son second voyage de Zabarah, qui a duré deux mois et demi, M. Cailliaud était secondé de la protection du Pacha. Une troupe considérable d'hommes armés, de mineurs et d'ouvriers était sous sa direction ; mais pour la première fois qu'il visita la mine d'émeraudes il était suivi seulement de sept hommes.

» Une quatrième découverte qui recommande notre voyageur, c'est celle d'une des anciennes routes du commerce de l'Inde par l'Egypte. M. Cailliaud traversa deux fois cette route en allant aux mines d'émeraudes, et il aperçut les stations antiques, les enceintes destinées à réunir et à protéger les caravanes, et d'anciens réservoirs propres à les désaltérer.....

» Enfin, sur les bords de la mer Rouge M. Cailliaud découvre une mine de soufre qui a été exploitée et dont les environs portent des traces volcaniques ; il y trouve de la pouzzolane.

» Il met un grand soin à observer les montagnes dans cette partie du désert qui sépare le Nil du Golfe arabique et qui appartient au sol primitif... C'est avec la même attention qu'il parcourt les terrains calcaires et les chaînes de montagnes qui séparent le Nil de l'Oasis, et qu'il examine les différentes constructions de cette dernière contrée, les unes de l'ancienne époque égyptienne, les autres plus récentes ; il trouve des voûtes fort anciennes, mais dont la date est encore problématique, enfin, il observe les eaux thermales, l'état du sol, les arbres, les végétaux et les productions du pays.

» M. Cailliaud ne néglige pas d'observer et de décrire avec soin les mœurs et les coutumes des tribus arabes qu'il rencontre sur son chemin ; il vit au milieu d'elles ; il se familiarise avec leurs usages. Il se fait aimer des cheykhs en partageant leurs courses, leur nourriture grossière, leurs fatigues et leurs dangers. Endurci comme eux aux privations et aux travaux les plus rudes, il attire leur estime et leur confiance, et exécute sans périls ce qui n'eût été que téméraire pour des voyageurs moins courageux et moins persévérants. Enfin, il dresse un itinéraire soigné de tous les chemins qu'il parcourt.

» Non content de toutes ces recherches, M. Frédéric Cailliaud recueille partout des antiques précieuses, dont la plupart jettent un nouveau jour sur les usages des anciens. Ayant passé à Thèbes neuf fois, il a pu se procurer beaucoup d'objets rares, conservés dans les hypogées de cette grande ville. Sa collection a été achetée depuis pour enrichir la Bibliothèquee du Roi. M. Cailliaud, en cédant tous ses matériaux, a fourni en même temps un journal de son voyage, où l'on retrouve tous les caractères de la candeur et de la vérité, etc. »

J'ai fait là une bien longue citation, mais c'est la biographie de Frédéric Cailliaud que je veux donner ; et que pourrais-je dire de mieux, quels éloges pourraient être aussi flatteurs que ceux de l'illustre savant auquel j'emprunte ces pages.

Le *Voyage à l'oasis de Thèbes* comprend :

1° L'explication des planches, 30 pages ;

2° Des notices géographiques, 24 pages ;

3° Relation du voyage de Cailliaud dans l'Est, 30 pages ;

4° Relation du voyage à l'Ouest, 14 pages ;

5° Journal d'un voyage à la vallée de Dakel, par M. le chevalier Drovetti, etc., vers la fin de 1818, 7 pages ;

6° Recueil d'inscriptions copiées par Cailliaud dans les déserts voisins de la mer Rouge, auprès de Syène et en Nubie, 14 pages, 22 inscriptions ;

7° 24 planches, cartes, vues de monuments, etc., et inscriptions.

Voilà la première partie de ce volume, imprimée en 1821. La seconde partie n'a paru qu'en 1862. Le titre est un peu modifié, il énumère un grand nombre des titres scientifiques de M. Jomard et porte cette mention :

« Contenant les antiquités recueillies dans le voyage et leur description. »

Cette seconde partie comprend :

1° La description des planches, 14 pages ;

2° Un extrait du catalogue dressé par M. Cailliaud, 13 pages. Cet extrait contient 510 numéros. La collection comptait 950 morceaux ;

3° 31 planches.

Champollion le jeune, qui conquérait alors l'immortalité, écrivait ainsi dans le 4e volume de la *Revue encyclopédique,* sur le voyage à l'oasis de Thèbes :

« Le nom de M. Frédéric Cailliaud est connu de tous ceux qui s'occupent des monuments de l'antique Egypte et de la géographie de l'Afrique en général. Cet heureux voyageur arriva à Paris au mois de février 1819, devancé par le bruit des découvertes qu'il avait faites dans les déserts à l'Est et à l'Ouest de la Thébaïde ; et la série des observations nouvelles qu'il fit connaître excita, en effet, parmi les savants de la capitale, un intérêt aussi vif qu'il était général.

» L'histoire des découvertes modernes dans les pays de l'antique domination égyptienne assure à M. Cailliaud la priorité de ses observations, ce qui, du reste, n'est qu'une honorable prétention à avoir risqué le premier son existence pour chercher au sein des déserts et au milieu d'une population superstitieuse et cruelle les anciennes traces du génie égyptien. »

II.

Après avoir reçu à Paris l'accueil le plus flatteur du monde savant et du monde officiel, Cailliaud alla revoir sa famille et montrer à ses compatriotes ses conquêtes pacifiques, mais non sans dangers.

Il jouissait à peine, depuis un mois, de ce repos si bien gagné, quand il reçut une mission du Gouvernement pour retourner en Egypte.

Elle lui fut annoncée par une lettre du savant de Mirbel, alors secrétaire général du ministère de l'intérieur.

On lui donnait un collaborateur, M. Letorzec, de Nantes aussi, jeune officier de la marine royale, tout spécialement chargé de l'aider dans les observations astronomiques.

Des instructions fort étendues furent données à Cailliaud par les membres de l'Académie des inscriptions et belles lettres et par ceux de l'Académie des sciences, par les directeurs du Muséum d'histoire naturelle. Il devait commencer ses recherches à partir du point extrême atteint par l'expédition d'Egypte, et envoyer ses rapports par toutes les occasions qu'il trouverait. On le chargeait de présents diplomatiques pour Méhémed-Ali et pour les principaux personnages du pays. Une commission fort douce pour son cœur reconnaissant était de remettre la croix de la Légion-d'Honneur à son ancien protecteur, M. Drovetti, et de lui faire espérer non-seulement sa réintégration dans les fonctions de gérant du consulat qui lui avaient été enlevées, mais sa promotion à celles de consul général, ce qui se fit, en effet, un peu plus tard. Le commandant de la station du Levant reçut du Ministre de la marine des instructions pour faciliter au voyageur le transport de tout ce qu'il emportait, de tout ce qu'il recueillerait.

On lit dans une lettre écrite par M. Jomard, peu de temps après le départ de Frédéric Cailliaud :

« M. Cailliaud est parti muni de tout ce qui lui est nécessaire. Je crois qu'il ne lui manque absolument rien, ni en instruments, ni en instructions, ni en secours de toute espèce. Les lettres de recommandation lui seront utiles dans tout le cours de son voyage. Il ne pouvait l'entreprendre sous de meilleurs auspices. Aussi je me flatte du plus grand succès.

» C'est une chose heureuse que le Ministre l'ait chargé de la lettre pour le pacha et de la croix pour M. Drovetti, et aussi, d'un autre côté, qu'il ait des lettres pour le consul général d'Angleterre.

» .... J'agirai toujours avec le même empressement en

faveur de M. Cailliaud, parce que j'ai reconnu ses excellentes qualités : de la loyauté, de l'élévation dans les sentiments, de la persévérance et du désintéressement. Comme il aime véritablement la science, il fera, par son dévouement et son courage, beaucoup plus que des voyageurs comblés des dons de la fortune....

» JOMARD. »

Embarqué à Marseille, le 3 septembre 1819, Cailliaud arriva à Alexandrie le 3 octobre, et bientôt au Caire. Averti par des Arabes de Saccarah, il se rendit avec eux à Abousyr pour descendre dans des puits funéraires donnant accès dans des chambres remplies de momies de bœufs Apis, dont il rapporta quelques têtes.

L'oasis de Syouah, que l'on appelait aussi Sçivah, restait rigoureusement fermée aux Turcs et à tous les étrangers. Un autre Nantais, le colonel Boutin, qui devait, lui, périr assassiné en Syrie, avait en vain essayé d'y pénétrer. Cailliaud annonça l'intention de la visiter. C'est en vain qu'on voulut le détourner de cette tentative qui pouvait être mortelle. Rien n'était capable de l'effrayer ; ces dangers, au contraire, augmentaient son désir de visiter ces lieux si bien gardés.

Il se mit en route avec une petite escorte, se réunit à une caravane et marcha ainsi dans le désert pendant dix-huit jours, exposé à toutes les privations, à tous les dangers, et enfin arriva, comme l'avait fait le colonel Boutin, à la porte de la ville dont la population couvrait toutes les terrasses. Là commence l'intéressant récit des négociations, des difficultés, des menaces, des assemblées populaires, des délibérations des cheykhs.

Mais la ténacité de Cailliaud devait triompher de toutes les difficultés ; il put visiter la ville principale composée comme une ruche de maisons édifiées les unes au-dessus des autres jusqu'à une hauteur de soixante pieds, et parcourir des rues recouvertes d'appartements', qui ressemblent à des galeries de mines.

Pour aller aux hypogées et aux monuments, il lui fallut subir une escorte. C'est dans ces conditions gênantes qu'il put enfin arriver aux ruines du temple de Jupiter Ammon.

Mais il ne put obtenir de visiter le lac d'Araschie, au milieu duquel une île renfermait, suivant les habitants, le sabre et le cachet du prophète, talisman de leur indépendance et de leur prospérité.

Le n° 6 de la *Revue encyclopédique*, page 376, contient une analyse des lettres adressées par Cailliaud à M. Jomard, sur ce voyage à Syouah et dans les oasis voisines.

En même temps, M. Jomard annonçait la nomination de M. Drovetti au poste de consul général de France. « Cet événement, dit-il, est de la plus haute importance pour le succès de M. Cailliaud et la sécurité de son voyage. Il faut s'en féliciter comme de ce qui pouvait lui arriver de plus heureux. Voilà une garantie précieuse pour les intérêts de la France et pour ses voyageurs. »

Vers la même époque, le savant de Villiers écrivait à notre voyageur pour lui indiquer de nouvelles recherches à faire et le féliciter sur son courage et sa constance.

Après le voyage de Cailliaud à Syouah et pendant qu'il était dans la Haute Egypte, le pacha voulut soumettre les habitants de l'oasis au paiement de l'impôt et envoya un corps d'environ 2,000 hommes pour les y contraindre. Le feu de la mousqueterie n'intimidait pas les indépendants, mais la canonnade les fit céder. M. Drovetti et M. Linant accompagnaient cette expédition ; ils purent arriver jusqu'au lac mystérieux d'Araschie, dont on avait refusé l'accès à Cailliaud ; ils n'y trouvèrent aucun monument.

Le récit de cette excursion a été imprimé sous ce titre :

Voyage à l'oasis de Syouah, rédigé et publié par M. Jomard, membre de l'Institut de France, etc., d'après les matériaux recueillis par M. le chevalier Drovetti, consul général de France en Egypte, et par M. Frédéric Cailliaud, de Nantes, pendant leurs voyages dans cette oasis, en 1819 et en 1820. Un volume in-f°, Paris, 1823.

Les planches sont lithographiées d'après les dessins de M. Cailliaud et de M. Linan ; elles sont au nombre de vingt.

A son retour de Syouah, Cailliaud se dirigea encore une fois vers la Haute Egypte, et le Ministre, tenu au courant de ses travaux, reconnaissait officiellement qu'il justifiait pleinement la confiance qu'on lui avait accordée.

Chaque courrier lui apportait des recommandations nouvelles de la part des corps savants et des directeurs du Muséum d'histoire naturelle et étendait le champ de ses investigations.

Seulement, dans beaucoup de localités, les voyageurs étaient obligés de se cacher pour faire leurs observations, la vue de leurs instruments faisant croire aux Arabes qu'ils étaient sorciers et jetaient des sorts sur les sources pour les tarir.

La rencontre d'Arabes pillards était un autre danger. Le froid aussi venait quelquefois rendre les nuits douloureuses.

Continuant son excursion dans les oasis, Cailliaud y découvrit des monuments qui avaient échappé aux regards d'autres voyageurs européens, dans la petite oasis, au Qasr, à El-Farafrah, à Dakhel, à El-Khargeh, à Syout, encore une fois à Gournah, où il fit de nouvelles fouilles aussi fructueuses que celles de son premier voyage, dont il rendait compte avec bonheur dans des lettres que j'ai sous les yeux.

Méhémed-Ali préparait depuis longtemps une expédition pour la conquête des pays méridionaux qui séparent l'Egypte de l'Abyssinie et pour la recherche des mines d'or sur lesquelles il comptait pour assurer son indépendance vis-à-vis la Porte.

C'était une occasion unique pour Cailliaud de voir tant de provinces qu'aucun voyageur européen n'avait visitées. Il obtint de Méhémed-Ali des firmans et se mit en route avec son compagnon de voyage pour rejoindre le corps expéditionnaire.

Avant de connaître les obstacles qu'il allait avoir à vaincre, Cailliaud écrivait à sa famille :

Caire, 25 juillet 1820.

Je pars demain pour le Dongolah. La circonstance qui se présente est pour moi une des plus favorables pour faire ce voyage avec sûreté et économie.

Je pars avec une expédition de 8 à 10 mille hommes que le vice-roi envoie dans cette partie de l'Afrique. J'ai des lettres pour Ismaël-Pacha, commandant l'expédition, pour qu'il me donne toute l'assistance possible dans le cours de la campagne. M. Drovetti m'a présenté à lui diverses fois. Je suis certain qu'il fera beaucoup pour moi.

Je viens de faire un dépôt en lieu sûr de toutes mes antiquités, dessins, journal, etc., et mis toutes mes affaires en règle, n'emportant avec nous que le strict nécessaire.

Et en même temps M. Jomard annonçait le prochain départ de son jeune ami pour la Nubie, dans la *Revue encyclopédique* (t. x, page 206), et dans le *Moniteur*, et communiquait ses lettres à l'Académie des inscriptions et belles lettres.

Mais autour d'Ismaïl s'agitait un personnel d'Européens, d'Italiens et de Grecs surtout, qui s'inquiétait de l'arrivée du jeune Français et sut indisposer le prince contre lui. Arrivé au camp, il fut d'abord bien reçu, puis reconnut bientôt que les dispositions du jeune général étaient changées, et enfin, l'italien Frediane amena Ismaïl à déclarer que les firmans de son père en faveur de Cailliaud ne parlant pas de Dongolah, celui-ci ne pouvait rester auprès de lui.

Cailliaud n'était pas homme à se laisser décourager par aucun obstacle : cinq cents lieues à faire seul en Egypte, qu'était-ce cela pour un homme aussi résolu que lui. Il se met en route vers le Caire ; il y arrive ; Méhémed-Ali vient de partir pour Alexandrie, et Cailliaud de courir à Alexandrie ; il obtient des firmans qui ne puissent plus être discutés, et se remet en route recueillant encore des antiquités, prenant partout des notes, des mesures, des dessins, faisant des observations sur le cours du Nil, sur l'histoire naturelle du pays, sur les mœurs des indigènes.

Enfin, il arrive une seconde fois à Dongolah et écrit à sa famille.

Dongolah, 14 janvier 1821.

.... Nous avons fait un heureux voyage et nous voilà à Dongola. Sur la route, j'ai observé et dessiné les ruines de sept monuments, tous égyptiens. La plupart sont de petits temples : un d'eux était très-grand et avait 97 mètres de longueur. On y comptait 90 colonnes de 9^{m},80 de hauteur. L'armée a passé ici un mois avant nous, et les médecins, la plupart Piémontais, ont séjourné sur ces ruines juste le temps de tracer leurs noms sur quelques murailles. Si nous n'avons pas la satisfaction d'être arrivés aussitôt qu'eux, nous aurons au moins celle de présenter des plans, dessins et topographie exacts de ces monuments et leur position géographique. Nous avons déterminé le cours du fleuve depuis Assouan. Avec mes chameaux et mes guides, j'ai pu rester sur des ruines tout le temps nécessaire pour y faire nombre d'observations intéressantes pour la comparaison avec les monuments d'Egypte.

Cailliaud visite l'île d'Argo, les ruines du mont Barkal,

et enfin, arrive une seconde fois à l'armée d'Ismaïl, inquiet de l'accueil que lui fera ce prince mécontent peut-être de se voir imposer la présence du Français qu'il avait forcé à s'éloigner de lui. Avant d'avoir son audience, protégé par Abdim bey, il alla visiter les ruines de Nouri, assister à des combats, et fut enfin admis auprès du prince dont l'accueil fut d'abord assez peu satisfaisant.

Avant d'aller plus loin, le jeune voyageur écrivit à M. Jomard pour lui annoncer son arrivée à l'armée, lui faire connaître sa visite aux antiquités du mont Barkal, de Nouri, à un village du nom de Méroé; était-ce bien la capitale de l'antique Ethiopie ? Bien des choses tendaient à le faire croire, mais Cailliaud ne s'y laissa pas tromper comme les autres voyageurs, et annonçait à son correspondant qu'il chercherait la véritable Méroë à quatre journées plus au Sud, et il demanda à Ismaïl l'autorisation de partir en avant de l'armée, au milieu d'un pays ennemi. Il dut se donner pour musulman, au moyen d'un firman qui le désignait sous le nom de Mourad-Effendi.

Cailliaud ne se trompait pas : son courage et sa clairvoyance lui préparaient un éclatant succès. Les ruines du mont Barkal, celles de Nouri n'étaient pas les restes de Méroë. Il découvrit enfin ceux-ci, où il avait indiqué qu'ils devaient être. Il s'écrie dans son livre :

« Qu'on se peigne la joie que j'éprouvai en découvrant les sommets d'une foule de pyramides dont les rayons du soleil, peu élevé encore sur l'horizon, doraient majestueusement les cimes. Jamais, non jamais, jour plus heureux n'avait lui pour moi !...

» Je pressai mon dromadaire, j'aurais voulu qu'il franchît avec la rapidité du trait les trois lieues qui me séparaient encore des ruines de l'antique capitale de l'Ethiopie. Enfin, j'y arrivai. Mon premier soin fut de gravir sur une éminence, pour embrasser d'un coup d'œil l'ensemble des pyramides. J'y restai immobile de plaisir et d'admiration à la vue de ce spectacle imposant. J'allai ensuite monter sur le plus élevé de ces monuments. Là, voulant payer un faible tribut d'hommage au géographe illustre dont le génie avait guidé mes pas, je gravai sur la pierre le nom de d'Anville. »

Je possède la lettre par laquelle Cailliaud annonça sa découverte à M. Jomard.

Cependant l'armée continuait sa marche vers le Sud, marche entravée par les combats, par la disette, le manque d'eau, l'incendie. Ce qui n'empêchait pas Cailliaud de faire toutes ses observations avec la même régularité que s'il eût opéré dans une de nos provinces de France, bravant tous les dangers, traversant le fleuve sur les radeaux les plus élémentaires, où, comme une fois, sur une barque dont un rameur bouchait une voie d'eau avec son pied.

Enfin, on arriva au fleuve Blanc : Cailliaud et M. Letorzec étaient les premiers Européens qui le voyaient.

L'armée continuait à s'avancer vers le Sud et Cailliaud à faire des observations de tous genres. On arriva au royaume de Sennar qui fut conquis sur des prétendants qui s'en disputaient la possession, mais non pas sans combattre. On fit un long séjour dans la capitale et notre voyageur put y faire des études encore plus approfondies qu'ailleurs. C'est là qu'il découvrit le scarabée sacré primitif des anciens ; puis on se mit en route pour le Fazogl, toujours combattant avec des ressources de plus en plus réduites. Cependant le Fazoql se soumit, mais on ne pouvait plus avancer qu'en se tenant sur ses gardes.

Au milieu de toutes ces difficultés, Cailliaud eut à subir une poignante inquiétude : le feu prit dans un bois qu'il traversait ; le seul dromadaire qui lui restât, épuisé de fatigue, venait de se coucher et ne pouvait plus se relever; il portait tous les papiers de Cailliaud ! M. Letorzec était dévoré par les fièvres, et ils n'avaient rien pour couper les cordes et les courroies qui retenaient la charge si précieuse. Dans le trouble qui les pressait, ils faisaient des efforts inutiles pour les délier; enfin le dromadaire atteint par les flammes se relève, fait encore quelques pas au moment où les voyageurs eux-mêmes sentaient les atteintes des flammes, puis il succombe tout-à-fait. Mais il y a quelques minutes de gagnées, la charge cède, on la transporte sur le cheval de Cailliaud, mais la flamme marche toujours, tout va être perdu ! quand on arrive à la lisière du bois.

L'armée arriva enfin où les nègres recueillent l'or ; mais ce ne sont que des gisements d'alluvion contenant à peine quelques grains de métal sur un quintal de terre. Cailliaud fit des essais multipliés sur divers points sans arriver à un résultat satisfaisant. Pendant ces recherches il étudia attentivement la géographie du pays et les mœurs des habitants. Enfin on atteignit Singuè au 10e degré de latitude, où jamais aucun voyageur européen n'était parvenu.

Là il fallut s'arrêter, les nègres résistaient courageusement, l'armée était décimée par les maladies, elle n'avait presque plus de cavalerie, plus de moyens de transport. Le retour fut décidé. On était à 800 lieues d'Alexandrie. « Avant de quitter Singuè, dit Cailliaud, je voulus que mes regards au moins parcourussent, aussi loin qu'ils pourraient s'étendre, les régions dont l'inexorable destin nous interdisait l'accès : je montai sur une éminence, et là, armée d'une longue-vue, je cherchai à découvrir le lieu où mon imagination plaçait les sources du fleuve Blanc.... Je gravai profondément sur le roc le nom de la France, et me transportant par la pensée sur cette terre chérie, je fis des vœux pour qu'il me fût bientôt permis de lui offrir le tribut de mes travaux, tribut modique il est vrai, mais qui m'avait coûté bien des fatigues et des tourments. »

L'armée commença son mouvement de retraite très-inquiété par des ennemis nombreux devenus encore plus audacieux. Le manque d'eau se fit parfois cruellement sentir ; enfin on arriva au Nil. M. Letorzec, mourant, ne pouvait plus supporter le voyage par terre. Le prince Ismaïl donna sa propre cange à Cailliaud, elle avait seize rameurs.

Nos voyageurs s'arrêtèrent quelque temps au Fazoql où Cailliaud compléta l'étude du pays, puis ils s'embarquèrent et s'arrêtèrent le premier jour à 4 heures.

« Depuis longtemps, dit Cailliaud, nous n'avions joui d'autant de tranquillité et d'aisance. Aussi cette première journée qui contrastait d'une manière frappante avec celles que nous passions depuis si longtemps, nous fit éprouver un sentiment de plaisir et de bonheur inexprimable : dormir sans crainte d'être éveillé en sursaut par le tambour du départ ; n'avoir plus à redouter la soif, la faim, les alertes, les surprises, la dent des animaux féroces ; n'avoir plus à soigner, nourrir, abreuver, charger, décharger des chameaux ; ne plus se voir exposé à être enseveli dans des torrents, déchiré par les épines des accacias et des nebkas, ou englouti dans l'embrâsement de quelque forêt ; reposer paisiblement ses membres sur un bon tapis entre des draps blancs, ah ! cette vie nouvelle était pour nous de la mollesse, c'était le comble de la félicité ! »

Cette félicité n'était pas sans mélange ; s'il était agréable de naviguer en voyant dans l'eau les hippopotames inoffensifs, sur les rives les éléphants, les pintades, les singes surpris ; il ne l'était pas de voir l'arrière de la cange se remplir d'eau à la descente d'une cataracte. Il fallut encore cette fois que Cailliaud s'emparât de ses papiers pour les jeter sur un rocher au moment où l'eau allait détruire ce qu'il avait si difficilement sauvé de l'incendie.

En descendant le fleuve, maître de son temps, Cailliaud put dessiner avec soin les monuments de Chendy, de Naga, d'El-Mecaourat, d'Assour, de Barkal, le grand temple d'Ebsambol, ceux d'Amada, de Lebou et tous ceux que les anciens Egyptiens ont laissés sur les rives et sur les îles de leur fleuve. Enfin il arriva à Thèbes pour la neuvième fois, et il y fit une quantité de dessins et de calques qui lui ont servi pour la plupart à faire son livre des arts et métiers des anciens Egyptiens. Il les décrit avec détail dans le récit de son voyage.

Arrivé à El-haraba-matfoun, l'antique Abydos, Cailliaud eut la bonne fortune d'y copier un des monuments les plus précieux de l'Egypte, la table chronologique des anciens Pharaons désignés par leurs noms royaux.

Il visita ensuite les pyramides de Gizeh avec l'italien Caviglia qui avait fait dans cette contrée de si curieuses découvertes ; passa au Caire, descendit à Alexandrie, fit ses adieux à Méhémed-Aly, revit son ami, M. Drovetti, et s'embarqua avec son compagnon, M. Letorzec, pour la France, le 22 octobre 1822, et arriva à Marseille après une pénible traversée de trente-neuf jours.

III.

Cailliaud rentrait une seconde fois en France précédé d'une grande réputation ; les journaux savants, le *Moniteur,* avaient pendant quatre ans publié ses lettres à M. Jomard. Il apportait le Journal de son voyage écrit tout entier de sa main et que son fils possède aujourd'hui.

Un portefeuille de dessins, de plans de monuments, de

calques, de cartes dont j'ai pu sauver une grande partie.

Les notes d'observations météorologiques faites plusieurs fois par jour pendant quatre ans.

Son Journal de route pendant les mêmes années jusqu'au 10e degré de latitude.

Des collections d'antiquités et d'objets d'histoire naturelle.

Le Ministre de l'intérieur chargea une Commission de membres de l'Institut de lui faire un rapport sur les résultats de ce voyage, rapport imprimé dans le 56e cahier de la *Revue encyclopédique* (novembre 1823) ; on y lit :

« Comme il s'était préparé par des études spéciales à ce second voyage, les résultats qu'il en a tirés sont d'un haut intérêt pour la géographie, les arts et la connaissance de l'antiquité.

» Parvenu bien plus loin que tous ses prédécesseurs jusqu'au 10e degré, 130 lieues plus loin que Sennar, et dans la direction de la branche principale du Nil, sur laquelle, par conséquent, il a pu recueillir des renseignements précis et se procurer des notions depuis longtemps désirées des géographes. Cette partie de sa route est donc entièrement nouvelle, et ne saurait manquer de fixer l'attention des savants. M. Cailliaud paraît n'avoir rien négligé pour répondre dignement à leur attente. Il a tenu, pendant tout son voyage, un journal exact de sa marche, et marqué avec soin la direction d'après la boussole, et en tenant compte de la déclinaison. Il n'a pas mis moins d'attention à évaluer les distances, en notant la différence des journées d'homme, de cheval et de chameau. Indépendamment de cet itinéraire détaillé, plus de cinquante points ont été relevés astronomiquement par M. Cailliaud, ou par son compagnon, M. Letorzec, et serviront à lier ensemble les différentes parties de la route et à contrôler les énoncés des distances. Les cahiers contenant le journal et les observations astronomiques ont été mis sous les yeux de la Commission, qui pense, qu'après qu'ils auront été vérifiés et soumis de nouveau au calcul, ils pourront offrir les éléments d'une bonne carte. Cette carte acquerra même un prix particulier, par la précaution que M. Cailliaud a prise, après avoir recueilli les noms des lieux qu'il a visités ou dont il a eu connaissance, de les faire écrire en arabe par les naturels du pays. La table de ces noms préviendra bien des incertitudes et des malentendus auxquels donnent souvent lieu les relations des voyageurs qui ont parcouru des contrées peu connues.

» M. Cailliaud a pris soin de recueillir aussi des observations météorologiques, en notant trois fois par jour l'état du thermomètre. Les tables qu'il a formées de cette manière, et dont la Commission a pris connaissance, peuvent, étant rappochées des renseignements du même genre qui sont épars dans les autres parties de la relation, donner une juste idée du climat des pays parcourus, lequel paraît différer considérablement de celui des contrées situées plus au nord. On sait que M. Cailliaud s'est occupé de rassembler aussi des plantes, des animaux et des minéraux, dont la collection aidera à compléter la description physique des pays qu'il a visités.

» Mais les objets qui ont surtout fixé son attention, et qui, dans la direction actuelle des recherches en Europe, exciteront peut-être un intérêt plus général, ce sont les monuments et les ruines d'édifices antiques, tels que temples, pyramides, colosses, bas-reliefs, inscriptions grecques ou hiéroglyphiques, etc. La limite des pays où l'on supposait que devait se trouver ces précieux vestiges d'antiquités, a successivement été reculée par les progrès des découvertes.

Mais, nul voyageur ne l'avait encore portée si loin que M. Cailliaud, et l'on peut à peine se flatter de rien trouver en ce genre au-delà du terme qu'il a atteint. Le précieux ouvrage de M. Gau sur les antiquités de la Nubie ne contient rien au-dessus de Ouadi Halfa, et c'est précisément le point où commencent les investigations de M. Cailliaud. Ainsi les deux relations se compléteront l'une par l'autre ; et en y joignant le grand ouvrage publié par la Commission d'Egypte, on possèdera la série non interrompue et presque complète des monuments placés dans la vallée du Nil, depuis les rivages de la Méditerranée jusqu'au fond de l'Ethiopie. Le nombre de ceux que M. Cailliaud a décrits est d'environ cent ; plusieurs se distinguent par des caractères particuliers, et la comparaison qu'on en peut faire avec les monuments de l'Egypte et de la Nubie inférieure, touche à d'importantes questions sur l'histoire des arts et les antiquités. Du nombre des plus remarquables sont les temples de Naga et de Soleb, les pyramides de Barkal et de Chendy, lieu où toutes les probabilités se réunissent pour placer la célèbre presqu'île de Méroé. Telles sont encore, sous un autre rapport, les ruines qui se trouvent à Soubah, au 15e degré de latitude, à l'embouchure du Rahad et du fleuve Blanc, le point le plus méridional où l'on ait trouvé des monuments antiques, et le lieu le plus reculé, suivant toute apparence, où les anciens aient formé des établissements durables.

» La méthode suivie par le voyageur pour représenter les ruines qu'il a explorées, est celle d'un observateur attentif et judicieux. Il ne s'est point borné à tracer des vues perspectives prises dans différentes directions, et des élévations des parties d'édifices qui sont encore debout ; il y a joint des plans détaillés, où les mesures sont cotées avec le plus grand soin, et, quand l'occasion s'en est offerte, des dessins particuliers d'ornements, des détails de sculpture, des inscriptions hiéroglyphiques, etc. Cette attention scrupuleuse est d'un grand prix aux yeux des antiquaires et des artistes : elle est un motif de confiance et offre une base solide aux recherches ultérieures. On reconnaît, dans les productions du crayon de M. Cailliaud, sinon ce degré d'élégance et de perfection qui caractérise le dessinateur de profession, au moins ce soin minutieux qui est une garantie plus sûre d'exactitude et de fidélité. La Commission ayant occasion de comparer quelques dessins de monuments qui ont été pris en Egypte et en Nubie par le voyageur français d'une part, et par MM. Waddington et Belzoni, de l'autre, doit déclarer qu'elle a remarqué, dans les premiers, une supériorité incontestable en ce qui concerne l'expression du style de l'art égyptien, l'énoncé des mesures et la représentation des détails.

» Enfin, la relation de M. Cailliaud, le récit de ses aventures personnelles et de ses observations journalières, celui de l'expédition d'Ismaël Pacha dans un pays situé à 400 lieues au sud des frontières de l'Egypte, les renseignements de divers genres que le voyageur a recueillis sur les mœurs, les productions et le commerce des vastes contrées où s'est étendue son excursion, pourront sans doute assurer à son ouvrage l'estime du public éclairé, et justifieront la protection que le Gouvernement a déjà accordée à ce zélé et courageux observateur.

» Il est donc d'une incontestable utilité pour la géographie, les sciences historiques, les antiquités et l'histoire naturelle, que les matériaux rassemblés par M. Cailliaud soient mis au jour. Il est même à désirer que la publication soit aussi prompte que possible, pour éviter qu'un voyageur français ne soit devancé par des étrangers qui ont pu avoir connaissance d'une partie des faits qu'il a étudiés, ou parcourir après lui quelques-unes des contrées qu'il a visitées. La Commission ne peut qu'applaudir aux vues bienveillantes que le Ministre a déjà manifestées à cet égard. L'intérêt de la science et l'honneur national se réunissent pour faire souhaiter que notre compatriote reçoive la récompense qu'il a méritée par ses travaux, et s'assure, en publiant son ouvrage, l'estime et la considération qui sont dues à ses efforts.

» Abel-Remusat, *rapporteur.* »

Les autres membres de la Commission étaient MM. Quatremère de Quincy, Letronne et le comte de Chabrol.

Le récit de ce second voyage de Cailliaud forme quatre volumes de texte in-8° et deux forts volumes de planches in-folio, il est intitulé :

Voyage à Méroé, au fleuve Blanc, au-delà du Fazoql, dans le midi du royaume de Sennar, à Syouah et dans cinq autres oasis, fait dans les années 1819, 1820, 1821 et 1822, par M. Frédéric Cailliaud, de Nantes, associé correspondant de la Société académique de Marseille, membre de celle de la Loire-Inférieure et de la Société de géographie, accompagné de cartes géographiques, de planches représentant les monuments de ces contrées, avec des détails relatifs à l'état moderne et à l'histoire naturelle, dédié au Roi.

Imprimé par autorisation du Roi, à l'imprimerie royale, 1826-1827.

Le 1er volume de texte contient, outre le récit de Cailliaud, le vocabulaire de la langue de Syouah ;

Le tome 2e, le vocabulaire de la langue des nègres de Quamâmyl, dans le pays de Bertat et celui de la langue du Dongolah ;

L'appendice du tome III contient : observations sur la construction des cartes ;

Liste des villes et villages des oasis et de la Nubie depuis la cataracte d'Assouan au Nord jusqu'à Singuè au Sud ;

Inscriptions grecques de la Nubie, de l'Egypte, de l'oasis de Thèbes ;

Enfin, le tome IV contient la description de la momie grecque, et des dissertations sur cette momie par Champollion le Jeune, qui y avait trouvé une nouvelle démonstration de sa découverte de la lecture des hiéroglyphes ;

Les observations météorologiques faites en Egypte et en Nubie par MM. Cailliaud et Letorzec ;

Le journal des routes suivies par ces voyageurs ;

Les observations d'histoire naturelle recueillies par M. Cailliaud, la description des objets apportés par lui.

Dans chacun des trois premiers volumes, il y a quatre figures, gravées et coloriées représentant des naturels de la Nubie (j'en ai les cuivres gravés); à la fin du 3e volume deux pages d'inscriptions et une à la fin du 4e volume.

L'atlas se compose de deux volumes in-folio précédés chacun de la liste des planches qu'il contient, au nombre de soixante-quinze par volume.

Il a été tiré un certain nombre d'exemplaires de ces deux volumes en format in-folio grand-aigle.

Enfin les cartes du Nil, dont il a été fait un tirage à part avec ce titre particulier : *Atlas géographique de l'Egypte et de la Nubie, pour servir à la relation du voyage à Méroé et au fleuve Blanc, fait dans les années* 1819 *à* 1822, par M. Frédéric Cailliaud, de Nantes, ouvrage dédié au Roi. — Paris, Debure, 1827.

Je garde précieusement l'exemplaire manuscrit de cet important travail.

Pour compléter les renseignements bibliographiques qui concernent Cailliaud, j'ajouterai ici la liste des numéros des journaux où sont insérées les lettres du jeune voyageur à M. Jomard.

Tome Ier, 1819, page 347, annonce du premier retour de Cailliaud, par M. Jomard.

Tome IV, page 371.

Article de douze pages, de Champollion, sur la publication du voyage à Thèbes.

Tome V, page 372.

Tome VI, page 396.

Tome X, page 206, Jomard annonce le départ de Cailliaud pour Dongolah.

Page 629, lettre de Cailliaud à M. Jomard, datée du 14 janvier 1821.

Article de Jomard dans le *Moniteur*.

Tome XI, pages 623, 626. Lettres du 14 janvier 1821, 28 mars 1821.

Tome XII, page 195. Lettre du 10 février 1820.

Page 434. Lettre du 5 mai 1821.

Page 643. Lettre du 11 juillet 1821.

Journal des savants, novembre 1821, page 657. Dissertation de Letronne sur l'inscription grecque de Philée, découverte par Cailliaud « monument curieux, unique même dans son genre. »

Tome XIII. Article de 48 pages, par Champollion le jeune sur la dissertation de Letronne, consacrée à l'inscription de Philée, découverte par Cailliaud.

Tome XV. Lettres de novembre 1821, 18 et 27 février 1822.

Journal des savants, 1823, page 632. Rapport sur le deuxième voyage de Cailliaud.

Les lettres originales de Cailliaud écrites pendant ses voyages sont conservées les unes par son fils, les autres par sa nièce, Mme Trotreau. Je possède celles qu'il avait adressées à M. Jomard.

Le retour de Cailliaud fut un véritable triomphe ; l'Institut, les sociétés savantes, les journaux d'érudition s'occupèrent de lui à l'envi et commentèrent ses découvertes ; le Roi fit imprimer son voyage à l'imprimerie royale ; il en accepta la dédicace, voulut recevoir le voyageur et lui remit une belle boîte d'or ornée du chiffre royal en diamants, et enfin le fit chevalier de la Légion-d'Honneur sur la proposition de Châteaubriand, qui lui écrivit :

Paris, le 7 janvier 1824.

Le Roi, Monsieur, voulant récompenser vos utiles travaux, vient, sur ma proposition, de vous nommer Chevalier de l'Ordre Royal de la Légion-d'Honneur. Les importantes découvertes dont vous avez enrichi la science vous rendaient bien digne de ce témoignage de la bienveillance de Sa Majesté. Je suis charmé d'avoir à vous annoncer une faveur si méritée, et à laquelle je me trouve heureux d'avoir pu contribuer.

Agréez, je vous prie, Monsieur, avec mes félicitations, l'assurance de ma parfaite considération.

Signé : CHATEAUBRIAND.

Je dois à l'amitié de Cailliaud quelques-unes des lettres qu'il a reçues pendant les quelques années qu'il resta à Paris. Il est traité avec une rare distinction, avec amitié par les hommes que la science a glorifiés.

L'illustre de Humboldt, dont je possède quatre lettres écrites au jeune voyageur, lui demande la permission d'aller chez lui « admirer à son aise les fruits d'un si noble courage et d'une intelligence si bien dirigée. »

Un autre jour encore, il lui parle « des objets précieux que la France devra à son courage et à sa noble activité. » Par une autre lettre il le prie de détourner un des fils de son ami Arago d'aller se fixer en Egypte. « Agréez mes affectueuses salutations. »

M. de Châteaubriant m'a dit : « L'affaire de votre ami,

M. Cailliaud, n'a trouvé aucun obstacle. C'était une récompense si méritée. »

C'était la décoration de la Légion d'Honneur.

Sans date.

Vous savez, mon cher confrère voyageur, que l'on croit assez généralement en Amérique que les nègres, les Indiens cuivrés et en général les gens de couleur, ne sont pas sujets au goître et au..... Veuillez me dire si vous avez, dans les régions chaudes que vous avez parcourues, trouvé des hommes noirs goîtreux en grand nombre.

Mille amitiés.

HUMBOLDT.

Langlès lui écrit :

Sans date.

Je prie M. Cailliaud de ne pas oublier la petite note qu'il a bien voulu me promettre relativement aux voûtes qui se trouvent dans les monuments de Chendi (Méroé). J'y tiens d'autant plus que ce sera pour moi une occasion de lui donner un témoignage public de la haute et affectueuse estime qu'il m'a inspirée et avec laquelle j'ai l'honneur de le saluer bien sincèrement.

L. LANGLÈS.

Brongniart le remercie des objets qu'il lui a montrés et de ceux qu'il lui a donnés.

Tous les savants professeurs du Muséum, les membres de l'Académie des sciences lui témoignent leur gratitude et le consultent.

Le baron de Férussac « le remercie de ce que la conchyliologie lui doit, au prix de tant de périls surmontés par son courage et sa prudence. »

De Jussieu, Brongniart, Valencienne, La Treille, Denon, Champollion, de Comarmont, le comblent d'amitiés ; celui-ci lui dit :

« J'ai admiré votre courage et votre persévérance. Le monde savant doit vous savoir gré de votre constance à recueillir les objets curieux, de votre exactitude à établir la position des lieux et de vos soins dans les dessins d'antiquités de tout genre. Vous avez su rendre vos travaux également utiles aux sciences, aux arts et à l'histoire. »

Et dans une autre lettre :

« Vous avez dans M. Geoffroy Saint-Hilaire un bon ami et un savant qui apprécie et sait faire apprécier vos travaux. »

Les lettres de Geoffroy Saint-Hilaire sont nombreuses, affectueuses : il lui demande des renseignements sur plusieurs sujets d'archéologie et d'histoire naturelle, et parle de lui avec éloge dans son cours et dans ses rapports ; il lui indique pour des singes qu'il a rapportés d'Ethiopie une classification que lui a proposée le grand Cuvier ; et ces deux illustres savants lui disent qu'il est bien nécessaire qu'il fixe lui-même celle qu'il faut adopter. Il le qualifie de célèbre voyageur.

Enfin lorsque Cailliaud se fixa tout-à-fait à Nantes et s'y maria, Geoffroy Saint-Hilaire lui écrivit :

15 novembre 1827.

Mon très-aimable et gracieux Voyageur,

Vous m'avez comblé en m'adressant votre ouvrage. Je ne vous connais que pour être enrichi par vos dons ; et voilà que vous y ajoutez encore. Je n'ai voulu vous écrire qu'après vous avoir lu en partie et qu'après que je puis vous témoigner toutes mes impressions comme mes sentiments. Votre ouvrage m'a vivement intéressé et m'intéresse beaucoup.

Les cartes se brouillent avec votre grand ami Mehemet-Ali ; de longtemps un Européen, un savant du beau pays de France, un courageux ami des arts, pris comme vous l'avez été au cœur de la civilisation de ce grand siècle, n'ira converser avec les vieux ancêtres des antiques prêtres de Memphis, avec les habitants de Méroé, n'ira se mettre en commerce avec leurs arts, leurs monuments, leurs dépouilles, leurs ruines, comme vous l'avez lait avec tant de distinction et de gloire. Je vous rends grâces de votre précieux cadeau dont je m'honore.

Vous m'avez offert un riche régime de fruits, puis-je à mon tour vous présenter un pauvre petit pépin de l'arbre de la science, mes deux volumes de philosophie anatomique ; encore si j'arrivais avec un pois auprès de la fève !

J'ai dîné avec un de vos concitoyens au milieu de vrais fous réunis dans une maison de santé à Vanvres. Si d'être gai et aimable cela lui donne des droits à cette maison, il était à sa place. Je l'attends à la visite de la Girafe, et je prépare cette lettre et mes volumes, dont il veut bien se charger, pour vous les remettre.

Nos vœux, Monsieur et aimable camarade, vous accompagnent à la résidence que vous avez adoptée : on revient chez soi avec douceur et bonheur quand on a vu des cieux brûlants, de grands cimetères tranchants, de longues barbes encore moins sévères que farouches, de bien grosses têtes par le dehors pleines en dedans de mépris pour ce qui est bon et beau.

Soyez heureux à Nantes au sein de votre ménage, auprès de vos concitoyens dont la considération vous dédommagera. Paris avait le droit de vous retenir et n'a pas eu le bon esprit de s'en assurer.

Mille et tendres sentiments d'amitié et de gratitude, je vous souhaite, en vous saluant.

GEOFFROY SAINT-HILAIRE.

Les collections de Cailliaud étaient visitées par tout le Paris instruit et curieux. Les éditeurs du grand ouvrage de la Commission d'Egypte envoyaient à leurs souscripteurs des lettres d'admission pour tous les lundis des mois de février et de mars 1824.

L'ouverture de sa momie grecque fut un événement scientifique dont il fut dressé une sorte de procès-verbal inséré au *Moniteur* du 23 décembre 1823, et fait une brochure de 7 pages in-8°.

En 1826, une autre de ses momies donnée par lui à la Société académique de la Loire-Inférieure fut ouverte à Nantes en présence d'un nombreux public, et donna naissance à une brochure du Dr Maréchal (17 pages in-8°).

Cailliaud ne pouvait rester inactif, au milieu de tous les honneurs dont il était entouré ; il commença la publication d'un nouvel ouvrage intitulé :

Recherches sur les arts et métiers, les usages de la vie civile et domestique des anciens peuples de l'Egypte, de la Nubie et de l'Ethiopie, suivies de détails sur les mœurs et coutumes des peuples modernes des mêmes contrées, avec des planches représentant des objets d'art, des ouvriers dans l'exercice de leur profession, des costumes et usages de la vie civile et domestique de ces anciens peuples, recueillis sur les lieux par l'auteur, dans les années 1819-1822. In-4°, planches coloriées.

Quelle suite de tableaux intéressants que ceux de ces ouvriers travaillant de leurs diverses professions, de ces outils dont ils se servent, de ces charpentiers de navires, de ces bâtiments en mouvement, manœuvrés sous les Pharaons, comme l'auteur les a vu manœuvrés sur le Nil dans le Sennâr.

Les charrons travaillent à des roues, achèvent des chars ; les cordonniers mettent en œuvre leurs matériaux préparés auprès d'eux ; un peseur public, un écrivain, un coffretier, exercent leurs métiers. Un grand colosse en granit, encore inachevé, est entouré de ses échafaudages et de sculpteurs. La filature, l'art du tisserand, celui des parfumeurs, des statuaires, des modeleurs, passent sous les yeux du lecteur. On voit opérer le transport de statues énormes, l'émailleur employer son chalumeau, le verrier souffler le verre, le potier fabriquer des vases et des briques, et la confection des meubles présente les formes les plus variées et les plus élégantes, et l'emploi d'outils perfectionnés, de la scie et du forêt à l'archet. L'agriculture de ce pays, qui devint le grenier de Rome, offre une série de planches pleines d'intérêt, ainsi que les arts d'agrément, la musique, la danse, la pêche et la chasse.

Cet ouvrage a eu de mauvaises destinées ; il est resté inachevé. Entraîné par son goût pour l'étude de l'histoire naturelle, Cailliaud n'a pas fait imprimer le texte qui est resté inédit entre les mains de son fils. Je l'avais pressé de le publier ; enfin, il venait de le revoir et de le recopier quand la mort a mis fin à ses travaux.

Il ne fut tiré que cent exemplaires des planches, dont une moitié a été détruite par l'éboulement du magasin où elle était déposée ; il y en a quelques-uns dans les bibliothèques publiques ; on voit combien peu de particuliers en possèdent.

La reliure de cet album demande beaucoup d'attention, parce que plusieurs planches portent le même numéro, différencié par les lettres A, B, C.

Les numéros 5, 9, 16, 17, 18, 20, 24, 25, 33, 34, 37, 40, 41, 45 et 46 sont doublés par des A.

Les numéros 6, 15, 21, 29 et 43 sont triplés par des A et B.

Le dernier numéro est 66 pour 91 planches.

J'ai, en outre, deux planches numérotées 49 et 50, qui n'ont pas été comprises dans l'ouvrage livré aux souscripteurs.

De plus, j'ai pu, grâce à l'amitié de l'auteur, mettre dans mon exemplaire jusqu'à quatre épreuves de certaines planches, au trait en noir, au trait en rouge, au trait en noir et rouge, coloriée et des épreuves d'essai annotées par l'auteur. Ce qui porte à 94 le nombre des numéros de ce volume. J'en ai tous les cuivres gravés.

Le journal anglais l'*Athæneum* donna, sur cet ouvrage, une série d'articles accompagnés de gravures sur bois, représentant, réduits, 35 des sujets, articles traduits par M. Simon et insérés par lui dans le journal de Nantes le *Breton*, du 29 septembre au 4 novembre 1837, avec insertion des gravures sur bois.

J'ai pu conserver une partie des dessins originaux de cet ouvrage, et un carton tout rempli de calques faits à Thèbes, tous signés par Cailliaud.

Enfin, Cailliaud était revenu se fixer définitivement à Nantes, dans les modestes et honorables fonctions de Conservateur adjoint, puis de Conservateur Directeur, du Muséum d'Histoire naturelle de sa ville natale.

Il fit bien encore des voyages de touriste en Angleterre, en Prusse, en Allemagne, en Italie, en Sicile, en Belgique, en Hollande, rapportant de partout de précieuses collections d'objets d'histoire naturelle qui font aujourd'hui partie du Muséum de Nantes. Il devint dès-lors exclusivement naturaliste, et il apporta dans ses observations la même ténacité qui l'avait fait triompher de tous les obstacles en Egypte et en Ethiopie.

Il fut pendant quarante ans en relations avec tous les naturalistes du monde ; il a publié, pendant cette période, un grand nombre de brochures.

Une seule était un retour vers son passé de voyageur. C'est un extrait du *Bulletin de Société de Géographie* (septembre 1835), sous ce titre :

Observations de M. Frédéric Cailliaud sur le voyage de M. Hoskins en Ethiopie. (Brochure in-8° de 9 pages.)

Il a publié, en outre, un grand nombre de notices dans diverses Revues périodiques. Il a été fait des tirages à part de plusieurs d'entre elles.

Mémoire sur le genre Ethéric et description de son animal. — Paris, 1830, in-8°.

Notice sur le genre Clavagelle. — *Magasin de zoologie et d'anatomie comparée*, 1842.

Notice sur le genre Gastrochène. — *Magasin de zoologie et d'anatomie comparée,* 1842, avec 3 planches.

De la perforation des pierres par les Mollusques. — *Journal de conchyliologie,* 1850.

Note sur un nouveau fait relatif à la perforation des pierres par les pholades, par M. Frédéric Cailliaud, etc. Nantes, imprimerie Mellinet, 1852.

Notice sur le genre Clausilie. — Brochure in-8o, 1854, 1 planche. (Extrait des *Annales de la Société académique de la Loire-Inférieure.*)

Observations sur les Oursins perforants de Bretagne. (Extrait de la *Revue et Magasin de zoologie,* 1856, 1 planche.)

Observations sur les Oursins perforants. — Supplément, octobre 1857. — (Extrait des *Annales de la Société académique de la Loire-Inférieure.*)

Mémoire sur les Mollusques perforants, par M. Frédéric Cailliaud. Ouvrage couronné par la Société hollandaise des sciences à Harlem. — Harlem, 1856, 1 volume in-4o, 3 planches.

Procédé employé par les Pholades dans leur perforation. — Supplément, 1857. (Extrait de la *Revue et magasin de zoologie.*)

Des monstruosités chez divers mollusques, par Frédéric Cailliaud.

Des monstruosités chez divers Mollusques. (Extrait des *Annales de la Société académique,* avec 1 planche coloriée.)

Sur l'existence de la Faune troisième silurienne dans le département de la Loire-Inférieure. (Extrait des *Annales de la Société académique.*)

Sur l'existence de la Faune troisième silurienne dans le Nord-Est du département de la Loire-Inférieure. (Extrait du *Bulletin de la Société géologique de France.*)

Catalogue des Radiaires, des Annélides, des Cirrhipèdes et des Mollusques marins, terrestres et fluviatiles recueillis dans le département de la Loire-Inférieure, par Frédéric Cailliaud, de Nantes. Ouvrage honoré de la médaille d'or grand module au concours de la Société académique de la Loire-Inférieure, le 22 novembre 1863. — Nantes, veuve Mellinet, 1865. — Volume in-8o, 323 pages, avec 4 planches.

Ce volume valut à son auteur la récompense la plus haute dont puisse disposer la Société académique de la Loire-Inférieure, la médaille d'or de première classe.

Je tiens à mentionner ici une obvervation importante pour la réputation d'observateur scrupuleusement exact de mon regrettable ami.

Dans cet ouvrage, Cailliaud indique les habitats des Mollusques dont il donne la nomenclature. Il mentionne, comme trouvées sur la vaste plage qui s'étend de Pornichet au Pouliguen, un grand nombre d'espèces et de variétés dont la plupart en a disparu complètement; j'ai pu le constater depuis un grand nombre d'années, et dans des explorations attentives renouvelées dans toutes les saisons. Ce que Cailliaud dit avoir trouvé sur cette plage, il l'y a trouvé et je l'ai trouvé avec lui; mais de tant d'espèces et de variétés, près de 150, on en retrouve à peine quelques-unes aujourd'hui (1875).

Carte géologique de la Loire-Inférieure ; une carte in-f° coloriée et une brochure in-8°.

Cailliaud avait réuni les éléments d'un volume semblable à celui qui précède. La mort a laissé cet ouvrage inachevé. Il a formé pour le Muséum une collection de plus de 4,000 échantillons et de plus de 900 fossiles différents à l'appui de sa carte. On peut dire qu'aucun département ne possède sa collection plus parfaitement établie. C'est le fruit de vingt années de travail incessant, sans bruit, d'une persévérance infatigable. Il restait des semaines entières installé dans les huttes des charbonniers de nos forêts, dans les cabanes des carriers, des chaufourniers, visitant les carrières, les tranchées des nouvelles routes, etc. Les échantillons, ainsi recueillis, taillés avec une adresse rare, sont rangés par arrondissement, par canton et par commune; tous sont étiquetés avec soin.

Ce travail, peut-être unique, a obtenu la médaille d'or de la Société académique de la Loire-Inférieure, en 1858.

Reconstruction du Musée d'histoire naturelle ; lettre à M. le Maire de la ville de Nantes et à MM. les membres du Conseil municipal. Brochure in-4°.

Cette reconstruction du Muséum due à l'habile architecte

Bourgerel, fut la grande préoccupation du savant conservateur. C'est sur le chantier de construction qu'il fut frappé du coup dont il est mort, sur son champ d'honneur.

Cailliaud avait pu pénétrer, par ses observations persévérantes, dirigées avec une ingénieuse sagacité, bien des mystères de la nature. Il a fait connaître le mode d'action des mollusques perforants qui ruinent les navires, détruisent, sur certaines côtes, toutes les constructions maritimes, percent les digues et compromettent ainsi l'existence de vastes territoires. Il a prouvé, par la théorie d'abord, et ensuite par l'expérience, que les tarets creusent le bois, comme l'ouvrier le fait avec une tarière; il a opéré avec l'appareil de cet animal et a pu obtenir le même résultat que lui dans les bois les plus durs.

La Hollande, menacée dans son existence et dans celle de sa flotte par les mollusques perforants, mit au concours l'étude des moyens d'action de ces ennemis si petits, mais si redoutables. Les naturalistes de toute l'Europe furent convoqués à ce tournoi pacifique. Le nom de la France y fut porté avec honneur par Cailliaud, qui sortit vainqueur de la lice, tant ses observations étaient ingénieuses, persévérantes, concluantes. Son mémoire est imprimé dans le *Recueil de la Société d'histoire naturelle de Harlem*, et notre compatriote reçut une grande médaille d'or, prix du concours.

Cailliaud a encore prouvé que les pholades percent la pierre pour s'y loger, non pas par un procédé chimique, mais mécaniquement. Une roche primitive du Pouliguen, percée par ces mollusques et trouvée par lui, a démontré d'une manière irréfutable ce qu'il avait démontré déjà.

Il constata ensuite que les oursins, ces fragiles animaux, couverts de baguettes si friables, parviennent à se creuser des logements jusque dans le granit dont ils désagrégent les éléments. Les observant dans toutes les phases de leur existence, les ouvrant dans tous les sens, il a pu arracher le secret de cette action qui avait paru inexplicable. Leur appareil buccal, composé de cinq dents d'émail en forme de pic, est disposé de façon que ces dents glissent dans une rainure quand l'animal a besoin de les allonger et se soudent momentanément quand il le faut. Avec ces cinq pics, il dégrade les grains du quartz et les arrache. Cette action mécanique, aidée par l'action chimique de l'eau de mer, lui permet d'élargir sa demeure, lorsque son développement l'exige.

Cailliaud parut avec éclat à l'exposition universelle de 1867. « On remarqua surtout dans ses vitrines un nombre considérable de coquilles de gastéropodes et de céphalopodes coupées de manière à permettre de voir et de compléter entièrement leur structure interne. Ces coupes, pratiquées avec une habileté de main remarquable, permettent d'apercevoir d'un coup d'œil des faits malacologiques intéressants. » (*Journal de conchyliologie,* juillet 1867.)

Un dernier écho bruyant des applaudissements de son retour d'Egypte vint trouver Cailliaud à la fin de sa carrière. A la séance solennelle de la distribution des récompenses aux Sociétés savantes de la province, à la Sorbonne, M. Duruy, ministre de l'instruction publique, remit les palmes d'officier d'académie au vieillard qui avait travaillé pendant tant d'années pour la science. Le Ministre rappela, en termes éloquents, que ce lauréat de 80 ans était l'intrépide voyageur qui, il y avait 50 ans, avait bravé tant de dangers de toute nature pour graver le nom de la France sur les rochers du 10e degré de latitude. L'assemblée émue s'attendait à voir un vieillard tout cassé venir péniblement recevoir sa récompense : elle éclata en applaudissements et en acclamations bruyantes, en voyant venir rapidement de ses derniers bancs cet octogénaire alerte et vif, l'œil animé, gravissant, par deux marches à la fois, l'escalier de l'estrade ministérielle.

Cailliaud avait, très-jeune, reçu de bonnes leçons de dessin. Dès ses premiers voyages, il s'habitua à chercher moins l'effet artistique que la reproduction strictement exacte des objets de ses études. C'est ce qu'ont loué tous les juges qui ont eu à apprécier ses portefeuilles et ce qu'on peut encore vérifier sur ces documents importants que j'ai pu sauver de la destruction.

Modeste à l'excès, il n'attachait aucun prix à ce qu'il avait crayonné, et il m'a fallu plusieurs années pour obtenir de lui successivement une partie de ses croquis qu'il employait à couvrir ses collections ou ses livres. Aussi beaucoup n'ont pu être retrouvés.

J'ai de lui 250 dessins de toutes dimensions, presque tous faits en Egypte, et dont quelques-uns n'ont pas été gravés. Plusieurs mètres de calques pris à Thèbes, avec l'indication des couleurs, des plans, etc.; des dessins de coquilles, exécutés à l'âge de 70 ans, sont merveilleux de finesse et de scrupuleuse exactitude.

Cailliaud était membre d'un grand nombre de Sociétés savantes de Paris et des départements.

En mourant, il légua toutes ses antiquités au Musée départemental d'archéologie de la Loire-Inférieure, et ses collections d'histoire naturelle au Muséum dont il avait été conservateur pendant 44 ans.

Son buste y est placé dans une salle qui porte son nom.

C'est le 1er mai 1869 qu'est mort à Nantes Frédéric Cailliaud.

NOTES

La reproduction de l'article suivant du *Journal des Débats* et des deux lettres qu'il a provoquées, prouveront la nécessité de constater, une fois de plus, les droits de Frédéric Cailliaud à la reconnaissance du monde savant.

Que MM. Egger et Maxime Du Camp reçoivent les remerciements de la famille et des amis du voyageur nantais.

Lundi 15 mars 1875.

Une expédition allemande, dirigée par les professeurs Brugsch et Luttge, a réussi à atteindre la grande oasis, dans l'Egypte occidentale. La caravane se composait de quarante chameaux conduits par autant d'hommes de la tribu des Beni-Vassal qui avaient leur cheick à leur tête.

Au bout de quatre jours et demi de marche à travers le désert de Lybie, l'expédition atteignit la principale station, El-Khrageh. Là s'élèvent des ruines qui remontent au temps des Pharaon et à la dernière période de l'occupation romaine. Le docteur Brugsch est le premier égytologue qui ait vu et examiné ces restes curieux de la domination nubienne et romaine.

Il est donc permis d'espérer que l'étude de ces ruines jusqu'ici inconnues jettera une nouvelle lumière sur l'histoire ancienne de l'Egypte. Un grand nombre d'inscriptions ont été recueillies d'après lesquelles on aurait lieu de croire que le grand temple de Hibé appartient à l'époque de Darius Ier, tandis que le temple plus petit de Nadurah ne remonte qu'aux Antonins. Il est probable qu'à leur retour en Allemagne les deux savants égyptologues publieront les résultats de leur intéressante expédition.

Jeudi 18 mars 1875.

Au directeur-gérant.

CHER MONSIEUR,

Les journaux sont fort exposés à reproduire, sans avoir pu les vérifier, des nouvelles qui leur semblent intéressantes. C'est ce qui est arrivé avant-hier au *Journal des Débats*. On y annonce les résultats d'une exploration de la grande oasis de Thèbes par MM. Brugsch et Luttge, et l'on ajoute que le docteur Brugsch est « le premier qui ait vu et examiné (à El-Khrageh) les restes curieux de la domination nubienne et romaine. » Avec tous nos confrères, je souhaite que le savant docteur ait fait sur ce terrain de nouvelles et d'importantes découvertes. Mais ce n'est certainement pas lui qui prétend y avoir pénétré le premier, car c'est d'après les publications du voyageur français Cailliaud, de M. Letronne et de deux ou trois savants anglais que son compatriote, le docteur Franz, a reproduit, en 1853, à Berlin, dans le tome III du *Recueil général des inscriptions grecques,* deux longues et importantes inscriptions grecques copiées sur un des monuments d'El-Khrageh.

Vous jugerez peut-être, Monsieur le Directeur, que cette courte rectification mérite d'être mise sous les yeux de vos lecteurs.

Dans cet espoir, je vous prie d'agréer d'avance mes sincères remerciements.

Signé : E. EGGER.

Vendredi 19 mars 1875.

Au directeur-gérant.

Cher Monsieur,

J'allais vous adresser une longue note sur l'oasis d'El-Khrageh lorsque j'ai vu la rectification de M. Egger ; j'ai mauvaise grâce à prendre la parole après un tel maître, mais je tiens cependant à dire que Frédéric Cailliaud est le premier voyageur qui ait pénétré dans l'oasis ; que son voyage date de 1815 ; que sa relation en a été publiée à Paris, en 1821, par Jomard (*Voyage à l'oasis de Thèbes,* in-folio, imprimerie royale); que la relation contient douze planches représentant les monuments antiques, deux planches d'épigraphie et une carte fort exacte, ainsi que j'ai pu m'en convaincre en 1850. De la lecture du fait divers, on pourrait inférer que les découvertes de MM. Brugsch et Luttge permettent, pour la première fois, d'attribuer à Darius Ier la construction du temple de Hibé ; c'est là un fait connu, car Champollion le jeune, mort en 1832, a publié l'inscription suivante, relevée sur le susdit temple :

« Le Dieu bienfaisant, seigneur du monde, le chéri d'Amon-Ra, seigneur de la région Héb-Osch (Hibé), le fils du soleil nt-Triouch (Darius), toujours vivant. »

J'espère, comme M. Egger, que le résultat de l'excursion des deux voyageurs allemands nous apprendra autre chose que ce que nos savants français ont découvert depuis longtemps.

Votre tout dévoué,

Signé : Maxime Du Camp.

NANTES, IMPRIMERIE DE Mme Ve C. MELLINET, PLACE DU PILORI, 5.

www.ingramcontent.com/pod-product-compliance
Ingram Content Group UK Ltd.
Pitfield, Milton Keynes, MK11 3LW, UK
UKHW020406220726
13923UKWH00004B/1763